JN495662

오후 3시에 읽는 시

오후 3시에 읽는 시

박인묵 시집

月刊文學 출판부

| 시인의 말 |

아침 햇살에 빛나는 이슬방울과
봄의 아지랑이를
처음 본 순간

가슴이 뛰었다

처음 만난 시도
그랬다

차례

2부

3부

4부

| 작품해설 |

1부

꿈을 읽다

햇살이 눈부신 5월 아침
넓고 아늑한 국립중앙도서관으로 간다

4층 창가에서 내려다본 이국적인 마을
언덕배기 몽마르뜨 공원에 토끼가 뛰어다니고
나는 거북이가 되어 책장을 넘긴다

잠수교 아래 한강이 느리게 흐르고
세계로 뻗어나간 서울의 기적을 생각하면
내 가슴이 뛴다

책을 읽는 사람들
그 힘과 노력이 깃든 곳에서
나는 꿈을 읽는다

구슬붕이를 품다

청계산 옛골 자드락길
아름드리 소나무 숲
솔바람을 가슴에 불어넣는다

청계산 지킴이가 알려준 낭떠러지
그 아래 약초샘골에 작은 구슬붕이들
꽃잎은 파란빛을 뿜어 지친 눈을 씻어준다

코로나19 거리두기 할 때
답답한 가슴을 확 뚫어 주던 그 생명꽃

갑작스런 소낙비에 희미해진 산길
우리는 서둘러 구름 파도를 타고 내려오지만

세상일 힘들 때
가슴에 품고 온 구슬붕이를 꺼내놓으면
사는 맛이 난다

솔바위의 노래

설악산 대청봉 1708m
바위 틈에 키 작은 소나무
어떻게 이 높은 곳에 싹을 틔웠을까

혹독한 겨울을 홀로 견딘 나무
비바람이 몰아쳐도 나의 희망은 높은 곳
소나무의 노래가 들려온다

오가는 구름을 친구삼아 놀다 보면
어느새 소나무는 바위가 되어 천년의 노래를 한다

이제 설악산에 오르지 못하는 몸
그 소나무에게 안부조차 전하지 못한다

통영항 등대섬

이른 새벽
뱃머리에서 바라보는 가익도
미역 빛 기지개를 켜는 가마우지
배설물로 바위섬을 하얗게 칠했다

소매물도 선착장에 마중 나온 주상절리
구름떼로 몰려오는 우럭과 참돔이
서울 손님 반갑다고 팔딱팔딱 뛴다

언덕 비탈길 따라 망태봉에 오르니
저 멀리에 하얀 등대섬
수억 년 비바람을 견뎌온 기암절벽에 멸종위기 매가 날아오른다

아침 물때가 열리면
파도가 낳은 몽글몽글한 흑진주 햇살을 마시고
나는 몽돌별을 밟고 등대섬으로 간다

청계천의 여름

경복궁 서쪽에서 뻗어 나온 물길
종로 빌딩 숲 사이로 흐른다

일제강점기 수표교 판잣집에 득실득실했던 거지들
깡패들 패싸움에 개천은 핏물이 되었다가
홍수에는 똥물로 흘렀다

한때 차를 타고 씽씽 달렸던 삼일고가도로는
새와 나무와 사람을 위해 다시 살아나 청계천이 되고

수양버들 뿌리로 정화한 맑은 물에 잉어 붕어 헤엄쳐 다닌다

은빛 백로 사뿐사뿐 거닐더니
물속에 눈을 꽂는 순간 피라미를 잡아 올리고

노랑부리청둥오리 둥실둥실 노닐다가
자맥질로 송사리를 낚아챈다

아이들 웃음소리 돌다리를 두드리면

청계천 여름은 시원한 물바람으로 도시의 열기를 식힌다

개굴개굴개굴

남한산성 성불사를 지나 산길을 오른다

2월 중순 작은 연못에 살얼음이 끼고
그 아래 수북했던 까만 개구리알

생강나무 노랗게 꽃필 때
웅덩이 가득 꼬물꼬물했던 올챙이

금암산 능선 따라 봄비 내리는 날
어디서 몰려왔는지 수천 마리 개구리들의 합창
개굴개굴개굴

부산 자갈치 시장보다 더 왁자지껄
봄의 길목이 들썩들썩

불어난 물에 올챙이들 휩쓸릴까
어미의 불안한 울음일까

진달래 꽃피면 올챙이는 개구리가 되고
소나무 숲에서 팔딱팔딱 뛰어오른다

눈꽃사나이들

청계산 진달래능선에 송이송이 눈꽃
겨울잠 자는 나무들 따뜻한 꽃이불 덮었다

모락모락 따뜻한 백설기처럼 함박눈 내리는 날
다람쥐 청설모 산새들 어디에 있을까

강산이 두 번이나 변하는 동안
장대비에도 영하 17도 눈이 퍼부어도
고교 동창들과 토끼걸음으로 올랐다

젊을 때 오르던 이수봉 매봉
이제는 그 봉우리들 바라보며 옥녀봉에서 쉰다

저 아래 과천 경마장에서 말을 달리고 싶은
마음은 구름 위를 걷는 사나이들
걷고 또 걷고 100세까지 함께 걷고 싶다

운무

잿빛 구름이 도네
용문산에 운무가 내려오네

천지가 고요 속으로 빨려들 때
나는 운무에 휘감기고

길을 잃을까 두려워 허공에 손을 뻗어보지만
나는 혼자였네

벼락에도 쓰러지지 않은 불굴의 나무
천년의 은행나무를 찾아서
운무와 함께 걷네

마침내
전설의 나무를 안고 소원을 비네

버들향기

2월
살얼음 갯가에 버들강아지

잎이 나기 전
보송보송한 은빛 털
햇살 그네 타고 나비처럼 춤춘다

6·25동란 피난 시절
삐삐도 진달래도 먹을수록 허기졌다
벌 나비 갯버들꽃에 모여들고
우리들 버들개지로 배를 채웠다

논과 밭에 뿌리는 농약이 개울로 흘러들어
시나브로 사라지는 버들강아지

봄비 소리로 흐르는 실개천에
남아있는 버들향기 찾아본다

여름방학

북한산 마주 보는 양지바른 곳
천사백 년 전 원효대사가 찾은 암자가 있다

열흘 동안
산사의 목탁소리가 아침을 열고
풍경소리로 내 마음을 깨끗이 닦는다

열여섯 살 여름방학에
고등학교 입학시험 준비로 친구와 함께 조그만 절에 올랐다
책과 보리쌀을 짊어지고 온 우리를 반갑게 맞아준 스님
신선들의 고요함 속에서 열심히 공부했다

나이 들어 산사의 풍경소리 들으니
그때 그 여름방학의 추억과
그 스님의 환대가 그립다

통영에서

2월 이른 아침
통영의 동쪽 가파른 언덕으로 간다

벽화마을은 마을 사람들의 애환이 서린 곳
철거되지 않고 남아 벽화에서 나비들이 춤춘다

바다가 내려다보이는 카페에 앉아
이슬비에 젖은 몸을 따뜻한 유자차로 말린다

바닷길 따라 우뚝 선 이순신 장군 동상
그 아래 산책길 걸으며 돌에 새겨진 그의 마음을 소리내어 읽는다

　　나라 지키려는 마음 잠 못 이루는 밤에
　　한산섬 새벽 달빛이 활과 칼을 비춘다

필사즉생 필생즉사(必死卽生 必生卽死)
얼마나 외롭고 힘들었을까

나도 힘껏 시의 노를 젓는다

그때 그 테이프를 듣다

서울에 사는 고교 동창들이 청계산 옛골에 모였다
20년 동안 숨넘어가는 깔딱고개를 천 번이나 넘었다

계단 위 또 계단을 오르면
이수봉이 내려와 반겨주었다

땀범벅이 된 여름
아이스케키를 먹던 우리를 청설모가 따라다녔고
함박눈 오는 날 다람쥐 오소리 겨울잠 잘 때
우리는 바위 아래서 토끼몰이를 했다

구름능선에서 피리 불던 사나이
카세트테이프에서 흘러나오는 구수한 곡조
그 테이프를 오천 원에 샀다

계곡에서 술 마시고 찌개 끓이던 사람들 벌금 매기던 달청이
골짜기 골짜기로 우리 열네 명을 데리고 다녔고
달청이를 좋아하던 달웅이가 말 좀 붙이려 하면
종판이가 튀어나와 훼방을 놓았지

2011년 신분당선 지하철이 개통되면서
점심 먹던 옛골의 그 식당이 문을 닫았고
식당 집 왈가닥 딸은 볼 수가 없다

이제는 이수봉을 오르기 힘든 일흔아홉 살
그때 그 테이프를 듣는다

다람쥐의 건망증

가을 다람쥐
양쪽 볼주머니에 도토리를 불룩하게 담았다

땅을 파고 묻어두고 겨울에 찾지 못한 도토리
숲속 바위 사이에서 새싹으로 돋는다

3년 후
다람쥐는 복슬복슬한 긴 꼬리를 흔들며
날카로운 발톱으로 상수리나무 가지를 잡고
이 바위 저 바위를 날고 뛴다

나무에 붙으면 나무가 되고
바위에 붙으면 바위가 되는 오색 몸뚱이

똘망똘망 다람쥐 눈과 마주치자
도토리 한 알이 떨어진다
나는 줍지 않았다

2부

청미래덩굴

사과를 반쪽 쪼개놓은 듯
망개나무잎이 번들거린다

뒷산 능선에서 소가 풀 뜯을 때
청미래덩굴 갈고리 가시 헤치고 나는
붉은 열매를 따 먹었다

꾸불꾸불 옆으로 길게 뻗은 뿌리는 토복령 약재
삼베보다 질긴 야무진 망개나무잎
그 잎을 찌고 말려 떡을 싸면 쉬지를 않는

내 고향 의령의 망개떡에는
새들이 따먹는 붉은 열매와
장난 같은 나의 지난가을이 있다

가을 대추

중학교 들어간 그해 가을
하굣길에 가을비 내렸네

오르막 막다른 집에 주렁주렁 붉은 열매
선배들 차지여서 쳐다만 본 대추나무

나무는 비바람에 온몸을 흔들었고
우리는 신나게 가지를 흔들었지

우두둑우두둑 가슴에 떨어지던 대추알
헐레벌떡 뛰었던 그 길이 내 몸에 젖어

오늘 가을비 오는데
누가 따 갔을까
대추나무는 텅 비어 있네

달콤한 기억을 한입 깨무네

누에치기

성북동 누에박물관에 갔다
어릴 때 함께 자란 누에를 보고 싶었다

어머니가 면사무소에서 받아 온 상자 안에 까만 알
한 달 동안 작은방을 독차지했다

적당히 불을 땐 방 온도가 맞아 튀어나온
수천 마리 애벌레가 꿈틀꿈틀
잘게 썬 뽕잎 새순을 먹고 자고 싸고

모래알만 한 누에똥이 콩만해지면
큰놈 작은놈 골라내는 일 많은 누에치기

누에는 석잠 자고 나면 까끌까끌한 몸통으로
배고프다 고개 들고 요동을 친다
통째로 잎을 갉아 먹는 소리 싸그락싸그락

넉잠 자고 투명한 노랑빛으로 내장을 다 보이며
한 마리 한 마리 나뭇가지 섶에 올라 고치를 짓고

고치 속에서도 누에는 1500m 실을 뽑는다
자신의 몸이 점점 작아지는 것도 모르고

끓는 물 속에 고치를 보며 어머니는
명주 비단을 떠올리고
자식들 시집 장가 보낼 걱정을 하셨다

“동그랑 땡땡 지어라 차돌같이 지어라”

지금도 그 노래 귓전에 울린다

쇠똥구리 생존법

의령군 유곡면 메무끝마을
동네 아이들이 소를 몰아 막실재로 올랐네

소들은 산속으로 흩어져 풀을 뜯고 여기저기 똥을 싸고
군데군데 마른 동그란 소똥 냄새에
쇠똥구리 모여들고

입에서 나온 진액으로 소똥을 돌돌 뭉치는 재주꾼
물구나무로 매달려 동글동글 밤톨만 한 소똥 밀고 갔지
언덕을 넘어서 제 땅굴로

하지만 쇠똥구리는
항생제 방부제를 더는 먹고 살 수 없다며
그만 사라져 갔네

시를 쓰려고 몸부림칠 때마다 쇠똥구리를 생각하네

수백 번 쇠똥구리가 내 귀에 속삭인 말
"절대 포기하지마"

울퉁불퉁 언덕길 넘어가던 그 쇠똥구리처럼
나도 굽이굽이 인생길 꿈을 따라 걷고 있네

메밀밭

6월의 메밀밭에는 하얗게 피어오르는 기억이 있다

우리 가족 8남매
논밭이 부족해서 힘든 시절이 있었다

그때는 곡식 축에도 들지 못한 메밀
장마와 가뭄으로 흉년이 들면
쓸모없는 땅이나 자갈밭에 씨를 뿌렸다
사흘 만에 새싹이 돋았다

푸른 잎 붉은 줄기 노란 뿌리 흰 꽃잎 검은 열매
오색 계절을 품은 생명의 씨앗이었다

그 작은 씨앗이
메밀국수가 되고 부침개가 되고 끼니가 되어 배고픔을 달래주었고
묵이 된 메밀은 동네 회갑 잔치에 부조(扶助)가 되었다

나는 메밀처럼 살아왔을까
메밀껍질이 든 베개에 메밀밭 향기가 있다

막실고개

의령군 정곡면 중교리
양지 바른쪽 작은 마을에 비가 오는 날이면
귀신이 베 짜는 소리가 난다는 골이 있다

6·25 전쟁 때 총살당한 억울한 사람들의 피가 흐르는
완장을 찬 국민보도연맹 붉은 골짜기
달빛마저 잠든 캄캄한 신작로를 걸을 때
등골이 오싹 머리가 쭈뼛쭈뼛 섰다

공동묘지에서 여우가 송장을 뜯어 먹는다는 늦은 밤
막실고개 너머 큰 골에 사는 여우는
뒤에서 사람을 뛰어넘어 혼을 뺀다기에
나는 긴 막대기를 다리 사이에 끼워 걸었다

여동생 시가에 바래다주고 간신히 넘었던 그 고개
6월이면 생각이 난다

아버지의 소

종로 소리도서관 오르는 계단에
이중섭의 황소가 걸려있다

그 소와 눈을 맞추니 아버지의 소가 걸어 나온다

밭 갈기에 좋은 튼튼한 목덜미
앞다리 사이는 넓고 뒷다리는 쭉 뻗은
커다란 둥근 눈에 콧구멍이 큰 그 소

늦가을 벼 수확을 끝낸 아버지 송아지 한 마리를 사오셨다
아침 저녁 여물과 음식 찌꺼기로 소죽을 끓이셨다
몽당 빗자루로 털을 빗질하시며 애지중지 키운 소
어느 날 새끼를 낳은 어미 소가 되었다

소를 파는 중개인보다 나은 눈썰미로 아버지는
송아지를 좋은 값에 팔아 오셨다
우리 8남매를 시집 장가보낸 아버지의 소

날 새기 전 소죽을 끓이시며
아랫목 따끈따끈 데워주시던 아버지가 생각난다

사랑방 아버지

우리 8남매 안방에서 함께 지냈네
빈자리만 있으면 누워 자고
늦게 들어오면 아랫목으로 갔네

중학교 입학하고 나는
아버지와 사랑방에서 지냈네
엄한 아버지 옆에 가는 게 두려웠네

저녁에 호롱불 켜고 공부하면
다음 날 내 코는 검정이 더덕더덕

제사 지내고 남은 양초는
콧등을 반질반질 하얗게 해주었지

밤새 방바닥에 붙어 시험공부 할 때
양쪽 복숭아뼈는 소발톱이 되어
문맹에 웅어리진 아버지 깜짝 놀라
뜬눈으로 밤새우셨네

마산고등학교 합격했을 때
“소를 팔아야지” 하셨던 아버지

온 동네 막걸리 잔치에
산과 들 어깨가 들썩들썩 했네

오월의 향기

아이들과 개울에서 송사리 잡고
검정 고무신에 담아서 팔딱팔딱 뛰놀던
내 고향 두메산골 메무끝마을

학교 갔다 오는 길
잡풀도 보이지 않는 돌 무덤가에
하얀 찔레꽃

덩굴에서 솟아나는 새순을 찾아
벌 나비가 날아드는 그곳으로 갔다

죽순처럼 햇빛 먹고 쑥쑥 자라난
아삭아삭 시원한 찔레순은 왜 가시덤불 속에 숨어 있을까

휘익, 머리를 치켜든 독사의 소리
줄행랑치다가 옷이 가시에 걸려 오줌을 쌌던

오월은 아득한 찔레향으로 온다

아버지를 읽다

캄캄한 밤
허리가 아파 잠이 오지 않는 시간
아버지가 생각난다

회초리 맞으며 공부하던 형을 본 후부터
몰래 지게 지고 나무하러 다니셨던 아버지

말은 잘 하지만 글을 읽을 줄 모르고
듣기는 잘 하지만 글을 쓸 줄 모르는 1910년생 아버지

한번 들으면 잊어버리지 않는 탁월한 기억력
서울 아들집을 혼자 찾아 오셨다

비오는 날에는 새끼 꼬고 짚신 만들어
장에 가시던 그 모습

벌떡 일어나 보니 아버지는 없고
나무하시던 아버지를 읽는다

빅토리 빅토리

새싹 파릇파릇 돋는 봄
소나무 숲 아래서 기역 니은 디귿 아이들과 따라 읽는다

1953년 유곡면 송산초등학교
입학한 스물한 명 친구들 6년 동안 함께 뛰놀았네

가을 운동회 씨름판에서 세 살 많은 형이 늘 이겼지
모래밭에 넘어진 아이를 가슴으로 안아준 총각 선생님
그 친구는 축구선수가 되었네

다시 못 만날까 눈물로 범벅된 졸업식
우리는 부산 마산 서울로 뿔뿔이 흩어지고
그동안 한 번도 못 만난 친구도 있다

청군 백군 나눠 달리기하던
지금은 폐교가 된 학교 운동장에 서서
우리가 함께 외치던 그 목소리 듣는다

빅토리! 빅토리!

브이아이시티오알와이!

달집이 타오른다

정월대보름 달이 떠오른다
온 세상 밝히는 꽉 찬 달

둥근 선 빈틈없는 광채
한 해 농사 풍년을 점친다

대나무를 가운데 세워 중심을 잡고
살아있는 소나무 가지로 겹겹이 쌓아 올린 달집
마을 사람들 한마음 되어 불을 붙이면

팡팡 터지는 대나무 벼락소리
하늘로 치솟는 연기
달집이 활활 타오른다

마을 풍요 기원하며 꽹과리 깽깽 깨갱갱
산과 들 어깨가 들썩들썩

아이들은 숯불 깡통에 콩 한 줌 넣고 하늘 중간에 빙빙 돌린다
밤이 새는 줄도 모르고 깡충깡충 뛰어다닌다

온 동네 질병 없이 무사태평하기를
가정이 화목하고 농사가 풍년이 되기를
대보름 날 마을 인심 뜨겁게 타오른다

어머니 기도문

음력 1월 15일
이른 새벽 찬 바람 몰아치는 개울가
어머니는 바위 위에 촛불 밝혀 정화수 떠 놓고
가족을 위해 아들을 위해 용왕님께 비셨다

시집오기 전 열일곱 살 어머니는 옛 소설을 필사하셨다
시련을 견디고 마침내 행복을 찾는 이야기, 이봉빈전(李鳳彬傳)
낭랑한 목소리에 음률 맞춰 읽으면
글 모르는 동네 아낙네들 촉 빠른 사람들 맞장구를 쳤다

농번기 지나면
동네 사람들 사돈지 읽어주고 답장을 써주셨다

달빛이 대청마루에 들고
명주 비단 곱게 펴는 어머니 방망이 소리
두꺼운 무명천은 또드락 딱딱 또드락 딱딱
곡조만 들어도 알 수 있는

정월대보름날

어머니 기도문이 내 가슴에 울린다

“천지신명님 굽어 살펴 주시옵소서”

어머니꽃등불 켜고

청계산이 겨울잠 깰 무렵
진달래가 꽃눈을 뜬다
햇빛 먹고 서둘러 핀다

원터골 능선이 살분홍 이불 덮으면
아지랑이 속 내 마음도 따뜻해진다

아버지가 나뭇짐에 꽂아온 진달래 한아름
아이들은 달려와서 꽃잎을 따먹고
어머니는 병에 꽂아 내 책상에 놓으셨다

초가집 어두운 방 꽃등불 아래
나는 소월의 시를 읽었다

진달래꽃 피는 밤이면
나는 어머니꽃등불 켜고 시집을 읽는다
그때처럼

탑바위 소원

소원을 빌면 꼭 들어준다는 바위가 있다
남강하류를 굽어보는 그 바위

열여덟 살 되던 해
학생 할인 영화 보러 친구 집에 갔다
영화 시간을 기다리는 동안 친구와 장난치고 놀다가
한쪽 눈을 다쳤다

한 달이면 볼 수 있다
희망을 준 의사를 믿었는데

가고 싶었던 길을 갈 수 없었다
무너진 가슴에 산속으로 들어가고 싶어
어머니 손잡고 탑바위 아래 작은 암자에 올랐다

하던 공부 열심히 하라 말해준 스님
그 뒤로 60년이 지나고

시 창작 공부하며 나는
그때 그 탑바위 소원을 생각한다

홍의장군

남강 솥바위에 서면
그날의 북소리가 들려온다

시골에서 시를 짓던 선비 곽재우
남명 조식의 문하생으로 정시문과에 합격하고도
부패한 관리를 멀리하라는 충의에 찬 글이
선조의 마음을 거슬려 합격이 취소되었다

왜군이 쳐들어와 나라가 혼란에 빠지고
왕과 백성이 혼비백산이 되었던 임진년 봄
관군은 도망가고 왜군에 무너지는 나라를 보며 그는
자신의 재산을 모두 털어 의병들을 모으고

"어찌 가만히 앉아서 죽기를 기다릴 것인가!" 외쳤다

낫과 도끼 쇠스랑을 들고나온 노비와 농민들
조총과 칼을 든 왜적에 불화살을 쏘아대고
붉은 옷을 입은 여러 명의 홍의장군, 신출귀몰한 위장술
수천수만의 말발굽 소리에 의병들 힘차게 행진하며 북을 쳤다

나라를 구하고 내 고향 의령을 지켜낸 최초의 의병장 곽재우
솥바위에 올라 그의 리더십을 생각하면
그날 그 북소리 들려온다

작은골옹달샘

앞산 꼬부랑길 언덕을 오르면
벼랑 아래 반가운 샘이 있다

장맛비로 계곡물이 넘쳐 엉망이 된 웅덩이
어머니가 적선하라고 하셨다

흙탕물 퍼내고 자갈을 깔고 조롱박을 띄워
막실재 오가는 길손들 맑은 물 마시고 쉬어갔다

물이 마르지 않는 샘

인적 드문 이른 아침에
참새 굴뚝새 산까치가 목욕하고 노래 한바탕 하고
해 질 무렵 산토끼 고라니 족제비 멧돼지 차례로 물을 마신다

의령군 유곡면 신촌리 할미꽃 피는 줄멧등에서 내려다보면
우리 마을 뒷산은 용의 머리 배 꼬리로 누워있는

복이 꽉 찬 우리 동네 작은골옹달샘
지금도 그 자리에 있을까

황혼의 길목에서

개울 속 바위 밑 모래 쌓인 곳 찾아
송송 솟는 물에 입 맞추던 시절
고등학교 자취생활 떠오른다

화장터를 지나면 아욱밭이었다
등굣길에 봐둔 아욱
그믐달을 기다렸다 정호와 우두둑 뜯어온 검은 밤
큰 솥에 아욱을 넣고 꽁치 넣고 된장 풀었던

한 끼 배불리 먹고 싶었던 소년들
아욱을 볼 때마다 내 입안은 소태가 되고

추운 겨울 주인집 전기를 몰래 끌어왔었다
나무로 틀을 짜고 백열구 전등 이불 속에 넣으면
밤은 후끈후끈 가슴은 조마조마했다
살짝 눈감아 준 주인집 딸은 어디로 시집갔을까

은퇴한 친구는 시인 사진작가 나는 시 창작생
일흔일곱 살 우리는 이렇게 황혼의 길을 같이 걷는다

금은보화꽃

초가지붕 환하게 밝히는 등불
온 동네 초저녁이 따뜻해진다

지붕 따라 퍼지는 박꽃
바위에 부딪치는 은빛 물보라처럼
명주비단 하늘을 학이 날듯이

달빛을 먹고 여문 박에는 손톱자국이 없고

박을 켠다
심술쟁이 놀부 박엔 도깨비 나오고
착한 흥부 박엔 금은보화 쏟아진다는

바가지로 물 떠 마시고 수북수북 곡식을 담는 사람들
마을이 부자꿈 꾸는 날에는
내 마음에 금은보화꽃이 핀다

3부

찜질방에서 외우는 주문

나무가 탄다
황토방 속에 빽빽이 선 참나무가 탄다

나무 꼭대기부터 불붙어 닷새 동안 타 내려오면
1700도 뜨거운 가마 속에서 숯덩어리가 나온다

참숯은 공장으로 가고
불가마 속으로 모여드는 아픈 사람들
황토벽의 열기가 뼛속까지 들락날락
온 지구가 뜨끈뜨끈

3분 동안 땀을 쏙 뺀 몸뚱이가 가마 밖을 나오면
쑤시고 아팠던 등과 허리에 피멍꽃이 피고

병이 탄다
내 몸에 날개가 돋는다
찜질방에서 주문을 외운다

어름사니

안성 보개면 복평리 장터에 축제가 열렸다

남사당 바우덕이 부채 하나 들고 중심 잡아 외줄을 탄다

손가락 두 개만 한 넓이의 줄 위에서

공중에 높이 뛰다가 뒤로 걷기도 하고

접시를 돌리다가 꼭두각시놀음을 한다

굿거리 장단에 맞춰 신나게 노는 천하제일 광대

여당 야당 줄다리기가 치열한 세상

애달픈 어름사니 춤사위가 지친 마음을 달래준다

질경이처럼

햇살에 반짝이는 진녹색 물결 따라
성북동 경국사를 걷는다

길가에 터를 잡은 질경이
발길에 차이고 찢어져도
고개 들고 다시 일어나는 질긴 풀

온몸을 낮추어 땅에 붙이고
속대에 보이지 않는 꽃을 피운다

지나가는 토끼 노루 사슴과 사람들의 발자국을 붙잡고
새 땅을 찾아
아무도 가지 않는 길을 간다

짐을 싣고 산을 오르는 소처럼
굽이굽이 걸어가는 나의 길
허리가 끊어지는 고통에 넘어져도
나는 벌떡 일어나 다시 걷는다
질경이처럼

보릿고개 부자고개

삼각산 인수봉 절벽 아래 큰 바위가 있다

도선국사가 기도 중에 호랑이가 나타나서 방해하자
손을 뻗쳐 큰 바위를 둘로 갈랐다는
그 바위는 마애불이 되고
사람들은 그 앞에서 소원을 빈다

조상을 좋은 곳으로 천도하는 명부전에 들어가니
지옥의 고통에서 중생을 구원하는 지장보살이 있고

박정희 대통령 영정 앞에서 보릿고개 떠오른다
광부 간호사 월급을 담보로 받은 차관, 혁신적인 아이디어
한국 자본주의 상징 조국의 근대화 경부고속도로
포항제철 지금도 활활 타고 있는 용광로

우리는 부자고개 되었는데
더 혼란스러운 사회에 고통받는 사람들이 있다

호국참회기도도량에서 민생 안정을 빌고 나오니
보살은 내게 따뜻한 시루떡을 건넨다

봄 단장을 하다

봄은
이사철이다

집들은 방에 도배를 하고 바닥에 장판지를 깔며
새 단장을 한다

상도동 점포 앞 시멘트벽과 보도블록 사이
아지랑이가 찾아왔다
흙도 없고 먼지만 쌓인 곳에 민들레가 뿌리를 내렸다

시들시들하다가도 주전자로 물 한 번 주면
옥수수 잎에 청개구리처럼 팔딱팔딱 뛰었다

서쪽 볕이 드는 창 안에서 바라보는 저 꽃은
나를 닮았다

사촌 동생한테 보증금 빌려 시작한 지물포
아침 일찍 문 열고 밤늦도록 손님을 기다렸다

뿌리만 남기고 사라졌던 민들레
새싹을 밀어 올리는 소리에 나는
마음의 봄 단장을 한다

능소화

양반집 앞마당에 넝쿨 꽃
청개구리 발처럼 나무에 붙어서
골목 밖으로 손을 뻗는다

새벽부터 풀 매고 들깨 모종 심고
장화 신고 일하기에만 바쁜 노인

아픈 허리에 지팡이 짚고 걷는 골목길
오지 않는 자식 대신 능소화가
손을 내밀어 부축한다

구례 오일장

약재들의 좌판이 벌어졌다

달고 시고 떫은
산수유 열매의 생애가 펼쳐진다

이른 봄
새싹이 흙을 들썩이고
봄비에 속대가 힘껏 솟는 것을 보았다

어느 나무보다도 먼저 몽실몽실 노랑꽃 피우고
가을 아침 서리가 반짝거리면
빨갛게 익은 방울들 내 귓전에 울린다

밤새 껍질을 벗기고 말린 할머니 손톱
핏물이 들었다

원기를 회복해주는 약재
내 고통의 허리를 쭉 펴준다는 산수유 한 봉지에
먹고 꼭 나으라는 기원까지 담아온다

잠이 오지 않는 이유

여름밤 열대야에 들어간다
두 눈은 가물가물 정신은 말똥말똥
피곤 속에 있을 오늘이 걱정이다

1년 전
관악산 연주대 오르는 마지막 계단에서 한 바퀴 굴렀다
혹시 갈비뼈가 부러졌나 했는데
의사는 폐의 문제라고 했다

담배 한 개비도 피워본 적 없는 내가
매일 걷던 길조차 걷기가 힘들다
하지만 날마다 걷는다

지하철에서 바쁘게 걷는 사람들을 보면
나는 종일토록 걷고 싶다

슬픔이 가득한 여름

2년 전 여름
아파트 엘리베이터에 발가락이 끼었다

20년 동안 아무 문제 없이 다녔던 그 엘리베이터
의사는 골절이라고 했다

움직여야만 사는 당뇨인데 나는
걷지도 못하고 집에만 있어야 했고

지난 40번의 여름은 온통 땀에 젖어 있었다
당수치 재는 바늘로 하루에 일곱 번 넘게 손가락을 찌르니
지문도 사라졌다

내 몸을 돌보지 않았던 지난날이
슬픔으로 밀려온다

뽕잎차를 만들어 당뇨를 낫게 해주겠다던 사돈집 처녀는
지난여름 월악산 계곡물에 떠내려갔다

여름은 슬픔으로 가득하다

곰배령 구절초

강원도 점봉산 굽이굽이 고갯길

계곡물 따라 구구절절 구절초가 피었다

하늘과 땅 사이 가을 향 가득하고

흰 눈썹의 신선들 새소리 만지며 논다

청보리향기

4월 하늘 아래 초록 바다
보리밭

천둥과 번개의 밤
한꺼번에 쓰러졌다

거센 비바람에 지구를 붙잡고 버티는
배를 납작 땅에 대고
서로서로 기대어 꿈을 이야기한다

살아야 한다는 뜨거운 각오
밤새 뿌리는 탱탱한 수액을 밀어 올리고

한번 쓰러져 본
더 꼿꼿해진 청보리

하늘 아래 땅 위에 뜨거운 피가 돈다
푸른 향기 흠뻑 마신다

큰 강물

물안개 꽃피는 아침
두물머리 나루터를 걷는다

금강산에서 달려온 북한강이
태백산 금대봉에서 마중 나온 남한강을 만난다

어머니 묘를 닮은 섬에서 서로 안고 감아돌며
유유하게 흐르는 강

1970년대 뚝섬유원지에서 멱감던 시절
장대비 쏟아질 때면 둔치에 세워둔 자동차들 황톳물에 휩쓸렸고
공장 폐수가 흘러들어 썩었던 강물에
물고기는 허리와 등이 휘어졌다

시멘트 콘크리트 걷어내고 살아난 시민의 숲
물 맑아 고기가 숨 쉬는 기적의 한강
종다리 개똥지빠귀 도요새가 날아든다

해 질 무렵 운길산역 구름다리를 걸으면

두물머리 네온사인이 켜지고
내 가슴에 큰 강물이 흐른다

4부

플라타너스 종소리

광화문 사거리에 플라타너스
겨울바람이 잎사귀에 달랑달랑 소리를 낸다
야당 여당 그만 싸우라는 소리일까
촛불 태극기부대보다 큰 플라타너스 종소리

외나무다리

해인사 일주문 양옆에 키 큰 소나무
천년의 문으로 들어간다

죄지은 사람은 건널 수 없다는
외나무다리 앞에 선다

통나무 하나
그 아래 개천이 흐르고
두 다리가 후들거리는

피할 수 없는 곳에서 떠오른 얼굴이 있다

10년 전
쉬는 날마다 창고에서 모노륨 100kg 수백 롤을 몰래 빼돌린 종업원

공포의 외나무다리에서 나는
벌벌 떨고 있는 그를 생각하며
법당에서 참회를 빈다

6037명 전사들

고교 동창회에 갔다
6·25전쟁 때 한국을 도우러 온 에티오피아 이야기가 식탁에 올라왔다

전쟁 후 집으로 돌아간 그들이
정권이 바뀌어 재산을 다 빼앗기고 힘들게 살아가고 있다는
지금은 너무도 가난한 그들의 이야기가 접시에 수북이 담겼다

포크로 한 점 집어먹으니 입안이 썼고
우리는 전쟁 이야기로 배를 채워나갔다

에티오피아에서 파병된 6037명 전사들
20일 밤과 낮 배 안에서 부르던 노래
"걱정하지 마세요, 용감한 전사가 가고 있어요"

어떤 나라인지도 모르고 와서
처음 보는 높은 산 영하 30도에 쌓인 눈에도
253회 전투에서 253회 승리를 이루었다

"이길 때까지 싸워라"
"죽을 때까지 싸워라"

경제 강국이 된 우리는 에티오피아를 잊고 산 지 오래다
우리 이제 무엇을 해야 될까

각자의 결심을 종이에 적어서 식탁에 올려 놓았다

소년과 안경

경기도 고양시 서오릉에 순회세자는
임진왜란에 세자빈을 잃고 빈 관을 안고 있네

일곱 살에 세자 되어 열세 살에 요절한 소년
나는 정자각에 앉아 하늘만 바라보다가
문 닫히는 시간 허겁지겁 달려 나왔네

횡단보도에 와서 보니 내 얼굴에 안경이 없네
소년은 나를 찾고 있었을까

정자각 축대 위에 반짝이는 이슬
세자는 밤새 내 안경을 끼고
그동안 못 가본 세상을 구경했을까

460년이 지난 오늘
나는 한 번도 보지 못한 그 소년을 상상하네

가시 또는 향기

골목길 따라 탱자꽃 향기 흐른다

녹색 나뭇가지와 뾰족한 가시 사이에 흰 꽃
귀신도 무서워 뒤돌아간다는 가시울타리에
굴뚝새 참새가 모여 논다

창밖의 탱자나무에는 오직 탱자뿐 모두 창을 겨누고 있다
가시는 누구를 위한 것일까
저 탱자 열매를 지키기 위한 것일까
시고 쓰고 떫은 노란 탱자 열매

9년 동안 탱자나무 울타리에 갇힌 사람을 생각한다
조선 후기 혼란한 사회를 개혁하려 했던 김정희
탱자는 그를 보호해주려고 가시를 세웠을까

발 골절로 걷지 못한지 열나흘째
탱자나무 향기가 나를 창가로 부른다

옹이눈을 뜬다

봄바람 타고 전등사 오르는 길

동문 길목에 우뚝 선 삼백 살 소나무
울퉁불퉁 옹이를 달고
흘러간 역사를 말하고 있다

나무에 뚫린 수십 개의 구멍과 벗겨진 피부
태평양전쟁 때 일본군이 무기 연료로 쓰려고
송진마저 빼앗아 간 아픈 흔적

나에게는 옹이눈이 있다
고등학교 때 친구와 놀다가 잃어버린 한쪽 눈

마르고 따가웠던 60년
쏟아부은 인공눈물은 가슴속 깊은 강으로 흐르고

이 봄의 옹이소나무 앞에서
나는 잠시 옹이눈을 뜬다

실타래를 풀다

이불을 꿰매다가 무명 실타래가 엉켰다

급하게 풀려고 이 줄 저 줄 잡아당기니
더 엉클어진다

매듭진 부분을 한번 자르니 계속 자르게 된다

나에게 불편한 실타래가 있다
그것을 잡고 있으면 어깨에 힘이 빠진다

사천만 원을 빌리고 갚지 않은 그 사람…

어머니와 실타래 풀던 생각을 한다
엉킨 실뭉치 중심을 잡고
살살 한 올 한 올 풀던

힘을 빼고
마음의 중심을 잡는다
그와 엉킨 마음의 실타래를 푼다

마산고등학교 졸업 60주년을 기념하여

5월 23일
드넓게 펼쳐진 청보리밭에 바람이 분다

마산고 졸업 60주년
서울 부산 마산 23회 동문들 청남대에 모였다

'태백의 정기 서려 마재에 맺고…'
이은상 선생의 교가를 합창하며
노비산 푸른 쑥 언덕으로 동무들 불러본다

난생 처음 기차를 타고 입학시험 보러갔지
합격의 날개 달고 하늘을 날았네
한 반에 60명 8개 반 큰 학교에서
넓은 세상을 만났다
축구 배구 야구하는 친구들 다리는 촉석루 기둥이었다

40년 동안
23회 동창회 본부가 만들어온 무학지 500호의 기적
매달 회보에 실려 오는 열일곱 마고의 향기

장대비에도 영하 17도 눈이 퍼부어도
이수봉 매봉 높은 봉우리로 올라
구름 위를 걸었던 청계산악회 사나이들

80세 우정이 푸르게 펼쳐지는 오늘
100세를 향해 힘차게 걷는다

땀꾸렁이

언젠가부터 함께 했다

산에 오를 때면
앞가슴에 방울방울 닭털 박힌듯하고
등을 타고 내리는 수많은 땀방울들
나는 어느새 장대비에 흠뻑 젖어 폭포수가 된다

산 정상에 올라와 앉은 자리는 물 범벅
내가 실수한 거라며 등산객들 웃지만
산바람에 내 눈은 가물가물 감긴다

어릴 적 가난의 허기를 채우려고
젊은 날 음식을 많이 먹었지

구두가 견딜 수 없었던 과체중
검은 구두에 소금꽃이 피어나는 밤이면
머리맡 물 주전자로 필생을 마셨네

40년 당뇨

이제는 떼려 해도 뗄 수 없는 땀 땀 땀
나는 땀꾸렁이

목련 고개를 넘는 중이다

화곡동 재개발한 P 아파트에 입주한지 22년
매년 환하게 반겨주던 쌍둥이 목련나무
아파트 건물벽을 타고 18m로 자랐다

찬바람 속 영하의 날씨에도
얼지 않은 꽃봉오리들

봄이 오면
하늘 닿는 가지에 하얀 구름꽃이 펼쳐진다
눈을 뜨고 사는 일이 이토록 아름다워
4월의 여왕을 만나러
목련 나뭇가지에 올라 구름 위를 걷는다

하지만 열흘 동안 환하던 목련은
눈물을 뚝뚝 떨구고

목련처럼 쓰러지는 팔십 고개
함께 산에 오르던 중학교 동창들과 나는
지금 목련 고개를 넘는 중이다

아라뱃길

서울 김포 인천을 잇는 아라뱃길
물 위의 청둥오리 윤슬을 쪼고 있다

은빛 물결 위로 달려오는 갈매기
물수제비 뜨면서 잉어를 찾는다
물가 소나무 그림자 속에서 서로 숨바꼭질한다

어느새
서산마루에 발갛게 익은 해
강바람 타고 흐르는 노을빛이 아라뱃길 무대를 비추면

가슴을 울리는 트럼펫 연주에
내 마음은 바다로 달려가 수평선 위에 눕고
갈매기들 까악깍 하늘가에 출렁인다

시를 찾다

아침에 곰달래 도서관에 간다
윤동주 시집을 읽는다
깊이 느끼고 싶지만 글자만 맴돈다

점심 먹고 다시 그 자리에 앉는다
쏟아지는 졸음에 눈이 가물가물
시집을 꼬옥 잡고 제목을 뚫어져라 바라본다

마음에 와 닿는 시어가 눈에 띈다
시상을 잡아 무언가 쓰고 싶지만
객관적상관물이 떠오르지 않아
땀만 흠뻑 흘린다

저녁에 유튜브 들으면 떠오를까
하늘 바람 구름을 타고 다니다가
어느새 밤이 온다

잠이 시와 레슬링하다 지쳐 쓰러졌다
혹시 새벽에 시상이 떠오를까

정신 못 차리고 새벽이 해롱해롱

세수하고 다시 곰달래도서관에 간다

인공눈물

고등학교 2학년 봄학기
학교에서 지정한 영화를 보기 위해 친구 집에 갔다

책상 위에 녹슨 대못들
엿으로 바꿔 먹으려던 못이
친구와 장난치던 내 눈동자를 찔렀다

그날 이후
그 못은 내 마음속 깊숙이 박혀

내가 가려고 했던 길은 사라지고
새로운 길을 찾아 걸어야 했다

날마다 의안을 닦아주고 보호해 준 고통의 길에는
수백 개의 슬픈 못이 걸어 다니고

그 길은
인공눈물로 가득 차 있다

모과나무 아래서

윤동주의 이름자 묻힌 언덕을 걷는다

모과나무 가지에 날아온 새처럼
파란 꿈을 꾼 동주

나무를 뒤흔드는 비바람을 맞고
피를 토해내듯 터지는 4월의 꽃망울들

꽃도 잎도 늦게 피는 모과
서리맞은 열매 못생겨도 진한 향은 우주로 퍼지고

10월의 끝자락에서
해맑은 얼굴로 웃는 모과
가만히 들여다보니 내 눈썹에 황금물이 든다

나뭇가지 사이로 반짝이는 별들을 따라 나온 동주처럼
파란 꿈을 꾼다

여섯 살이 만난 6·25

유곡면 신촌리 설미산 큰 바위 아래
토굴 속에서 먹고 자던 피난 생활

바위 사이에 붉은 줄기로 솟은 약초
배고파서 동네 형들과 뽑아왔는데
먹으면 죽는 풀이라고 야단맞았다

해 질 무렵 산을 타고 내려올 때
정찰기 소리 윙윙 온 동네가 혼비백산
사랑방 선반에 가마솥 뚜껑 얹어놓고
그 아래 숨어 벌벌 떨었다

귀를 찢던 비행기 폭격소리
간이 콩알만 해지고 가슴이 쿵덕쿵덕

총 메고 다니던 인민군들이 마루 기둥 밑에 숨겨둔 신기한 총알
마당에서 만지고 놀다가 혼쭐이 났고

그들이 후퇴할 때는 동네사람들 찹쌀떡 해서 막실재까지 져다

주었다

전쟁이 지나고 총 든 사람들도 사라지고
마을 사람들 논과 밭으로 모여들었다
나는 신나게 아이들과 뛰어다녔다

흔들림 없이

긴 어둠을 지나온 아침 햇살이
한탄강에 내린다

검붉은 육각형 높고 낮은 돌기둥
고개를 높이 들고 강가를 달린다

바위에 바싹 붙어 볼을 간지럽히는 돌단풍
절벽 소나무 찬바람에 물든다

천리길 이어진 주상절리
꽁꽁 얼어붙는 한탄강에
검은 발 담근 채 장승처럼 서서

억만년 이대로 우뚝 솟은 채
흔들림이 없다

| 해설 |

통증으로 잠복한 몸의 기억들

통증으로 잠복한 몸의 기억들

마경덕
(시인)

코끼리는 발로 소리를 감지하는 능력이 있다. 발을 타고 오르는 진동으로 위험을 알아채고 약한 새끼를 가운데 두고 빙 둘러서서 몸으로 울타리를 만든다. 코끼리들이 바깥쪽에 머리를 두고 서로 몸을 밀착해 원을 만드는 본능적인 행동이 '경계 원형'(alert circle)이다.

시인 역시 "시의 기척을 예감하는" 예민한 감각이 있다. 무심히 스친 일상의 파편들, 흔적만 남은 시간의 무덤에서도 시는 발아한다. 모호한 추상적 개념을 구체화하여 소통을 유도하는 시 쓰기는 타인과 단절된 고립감, 사회적 불행, 개인의 슬픔마저 시의 동력으로 사용된다. 원칙과 이치(理致)라는 뿌리를 중심으로 시는 부채꼴로 확장된다. "보편적 설득력"이 현재까지 시를 끌어온 힘이라고 믿는다.

새롭다는 착각에 갇혀 변이를 꾀하는 불편한 시들, 차별화된 발상도 설득력을 잃으면 아무것도 아니다. 정해진 문법을 자신만의 언어로 변형시켜 이해 가능한 언어가 되었을 때 언어는 시적 기능을 지닌다.

한적한 뒷길을 걷다가 필자가 만난 '흰제비꽃'이 봄볕에 눈이 부셨다. 보도블록 아래 소담스레 핀 두 무더기 꽃을 폰으로 찍고 기다려 씨를 받아야겠다고 생각했다. 사흘 후 그 자리에 가보았더니 누군가 뿌리째 뽑아가 흔적도 없었다. 조금 떨어진 곳의 '제비꽃'도 보이지 않았다. 봄을 알리던 그들의 그 빈자리가 허전했다. 공원 화단에 무더기로 핀 '보랏빛제비꽃'도 어느 날 일제히 사라졌다. 오가며 눈 맞추던 첫봄이 건네준 설렘과 기쁨은 잠시였다. 길가의 '제비꽃'은 주인이 없는 밖이어서 누군가의 손을 탔고 화단 안의 '제비꽃'은 금단(禁斷)의 땅이어서 규정대로 버려진 것이었다.

주변부의 것이 중심부에 영향을 끼친다는 파레르곤(Parergon)을 생각한다. 미술작품을 걸 때 보조역할을 하는 액자는 그림에 영향을 준다고 한다. 프랑스 포스트모더니즘 철학자 '자크 데리다'는 파레르곤은 작품의 외부에만 있는 것이 아니고 작품을 따라 움직이기에 안과 밖을 중요하게 보았고, 프랑스 사회철학자 '장 보드리야르'는 오히려 액자를 더 중요한 개념으로 보았다고 한다. 이처럼 길가의 하찮은 '제비꽃'이나 화단의 '제비꽃'은 필자에게 파레르곤(Parergon)인 셈이다. 써먹을 수 없으므로, 써먹을 수 없는 힘으로, 써먹는 시의 힘, 역시 파레르곤이다.

박인묵 시인은 시 쓰기를 통해 "상처를 치유하고 위무"한다. 직

접 몸으로 체험한 진술은 설득력을 지닌다. 시인이 감당한 "절망의 무게"는 온몸으로 흘러나온다. 시인의 "몸에 잠복한 어둠"에 넘어져도 벌떡 일어나 다시 걷는다. 해결할 수 없는 "삶의 비의(悲意)"와 대면한 시편들은 삶과 죽음의 경계에서 불굴의 의지를 보여준다. 인간의 힘으로 해결할 수 없는 막다른 끝에서 태어난 시편들은 각각의 "진중한 무게"를 지니고 있다. 세상의 내면에 잠재된 "존재가치"를 증언하는 시인은 삶의 이면(裏面)을 예의주시하며 기억의 지층에 묻어둔 아득한 시간과 합류한다. 주변을 이해하는 방식은 자신과 대척점에 있는 "타인을 배려하는 자세"에서 시작된다. 시인은 고등학교 2학년 때 친구와 장난치다가 '녹슨 못'에 찔려 소중한 '눈' 하나를 잃었다. 그날 이후 가려고 했던 길은 사라졌다. 예측 불가인 고통을 껴안고 몰입한 시 쓰기는 마지막 "꿈을 완성하는 과정"이다. 역사의 한 페이지를 관통한 그 시절의 아픔이 시의 면면에 드러난다. 이내 저물어버린, 그 "어둠 속에 가려진 진실"이 시인을 통해 재현되고 있다.

고등학교 2학년 봄학기
학교에서 지정한 영화를 보기 위해 친구 집에 갔다

책상 위에 녹슨 대못들
엿으로 바꿔 먹으려던 못이
친구와 장난치던 내 눈동자를 찔렀다

그날 이후

그 못은 내 마음속 깊숙이 박혀

내가 가려고 했던 길은 사라지고
새로운 길을 찾아 걸어야 했다

날마다 의안을 닦아주고 보호해 준 고통의 길에는
수백 개의 슬픈 못이 걸어 다니고

그 길은
인공눈물로 가득 차 있다

―「인공눈물」 전문

"백 번 듣는 것보다 한 번 보는 게 낫다" "우리 몸이 천 냥이면 눈은 구백 냥"이란 말은 몸에서 눈이 차지하는 비중이 절대적이라는 것이다. 사람이 대상을 인식하는 방법은 청각, 후각, 촉감보다 눈으로 보는 것에 80% 이상을 의존한다고 한다.

일상의 표면 너머에 존재하는 알 수 없는 불행이 꿈 많은 고교생을 관통해 버렸다. 엿으로 바꿔 먹으려던 책상 위에 '녹슨 대못'으로 사건이 발화되고 확장된 어둠은 가려고 했던 길을 가로막았다. 반쪽을 담당한 의안, 닦아주고 보호해 준 '인공눈물' 속에는 수백 개의 슬픈 '못'이 어른거린다. 현실의 한계에서 운명으로 받아들인 의안(義眼)은 사람이 만든 인조 안구(眼球)여서 '인공눈물'이 필요했을 것이다. 박인묵 시인은 대상과 대상 사이 양립할 수 없는 감정의 긴밀한 관계를 고백한다. 반쪽의 시야가 사라지고 느린 속도를 살아야 하는 현실과 자신을 분리하지 못한 고통은 타인과 공존하기 위해 더욱 치열해진다. 외눈으로 현실에 적응하려는 노력은 '인공눈물'로 가득 차 있다.

여름밤 열대야에 들어간다
두 눈은 가물가물 정신은 말똥말똥
피곤 속에 있을 오늘이 걱정이다

1년 전
관악산 연주대 오르는 마지막 계단에서 한 바퀴 굴렀다
혹시 갈비뼈가 부러졌나 했는데
의사는 폐의 문제라고 했다

담배 한 개비도 피워본 적 없는 내가
매일 걷던 길조차 걷기가 힘들다
하지만 날마다 걷는다

지하철에서 바쁘게 걷는 사람들을 보면
나는 종일토록 걷고 싶다

—「잠이 오지 않는 이유」 전문

인간은 "일생의 삼 분의 일"을 잠으로 보낸다고 한다. 건강한 삶을 위한 첫걸음은 몸과 마음을 회복시키는 수면이다. 수면이 부족하면 불안, 스트레스 우울증에 방치된다. 실제로 불면증 환자의 절반 이상은 우울증 불안 장애를 호소하고, 우울증 환자의 3명 중 2명은 불면증을 앓는다고 한다.

더위를 피해 시원한 한강 둔치로 몰려드는 밤, 밖의 온도가 25℃ 이상 이어지는 열대야에 건강한 사람도 쉽게 잠들지 못한다. 시인에게는 잠이 오지 않는 남다른 이유가 있다.

1년 전 관악산 연주대 오르는 마지막 계단에서 한 바퀴 굴러 '갈비뼈'가 부러졌나 했는데 의사는 "폐의 문제"라고 했다. 무슨 날벼락인가. 시인은 담배 한 개비도 피워본 적 없다고 한다. 매일 걷던 길조차 걷기가 힘들지만 살기 위해 날마다 걷는다. 불면의 이유는 병든 몸을 걱정하는 마음에서 시작되었음을 알 수가 있다.

프랑스 현대철학자인 조르주 캉길렘(Georges Canguilhem)은 질병은 비정상이 아니라 "생명의 새로운 차원"으로 보았다. 질병은 단순히 불균형이나 부조화일 뿐 아니라 또한 그 무엇보다도 새로운 균형을 얻기 위해 인간 내부에서 자연이 시도하는 노력이다. "질병은 치유를 목적으로 하는 일반화된 반응이며, 유기체는 회복하기 위해 스스로 질병이 된다."라고 하였다. 질병에 대한 새로운 인식 전환이라 할 수 있다. 그렇다면 몸의 "이상 신호"는 스스로 회복되기 위한 "몸의 내부에서 벌어지는 몸부림"이다. 질병은 새로운 균형을 얻기 위한 "몸의 신호"인 것이다.

시인은 걷고 있지만 걸음이 자유롭지 않다. 한때는 높은 산도 거뜬히 올랐던 건강한 몸이었다. 삶에서 일어나는 갈등과 충돌해도 절망에 휘말리지 않고 애써 평정심을 유지하는 시인은 내밀한 자신의 이야기를 통해 진정한 행복과 "삶의 가치"를 깨닫게 한다. 인간의 행위에 따라 "미래가 현재를 규정한다"라고 한다. 인간은

미래의 가능성 가운데 어느 하나를 선택할 "자유의지"가 있기 때문이다. 빠르게 움직이는 타인의 건강이 부럽지만, 시인은 자신의 처지를 담담히 받아들여 "긍정적인 현재"를 만들고 있다.

2년 전 여름
아파트 엘리베이터에 발가락이 끼었다

20년 동안 아무 문제 없이 다녔던 그 엘리베이터
의사는 골절이라고 했다

움직여야만 사는 당뇨인데 나는
걷지도 못하고 집에만 있어야 했고

지난 40번의 여름은 온통 땀에 젖어 있었다
당수치 재는 바늘로 하루에 일곱 번 넘게 손가락을 찌르니
지문도 사라졌다

내 몸을 돌보지 않았던 지난날이
슬픔으로 밀려온다

뽕잎차를 만들어 당뇨를 낫게 해주겠다던 사돈집 처녀는
지난여름 월악산 계곡물에 떠내려갔다

여름은 슬픔으로 가득하다

—「슬픔이 가득한 여름」 전문

힘들지만 걸어야 하는 이유가 있다. 시인이 "내적 파동과 만나는 곳"은 아파트 엘리베이터이다. 2년 전 엘리베이터에 발가락이 끼여 골절되었다. 움직여야만 사는 당뇨인데 걷지 못하게 된 것이다. 40번의 여름은 온통 땀에 젖어 있었다니, 지병과 함께 지낸 시간이 40년이다.

당수치를 재는 바늘로 하루에 일곱 번 넘게 손가락을 찌르니 지문도 사라졌다. 스스로 손가락을 찌르고 피를 봐야 하는 혈당 체크에 손가락도 상처가 많다. 그동안 몸을 돌보지 못한 것으로도 슬픔이 가득한데 슬픔이 또 늘어났다. 당뇨를 낫게 해주겠다며 뽕잎차를 만들던 사돈집 처녀가 지난여름 월악산 계곡물에 떠내려갔다는 것이다.

시인의 체험적인 시편들은 대부분 "몸의 기억들"이다. 「땀꾸렁이」에서도 40년 함께 보낸 지병으로 땀과 눈물을 흘리고, 걷고, 넘어지고, 다치고, 피를 뽑는다. 감정의 내부까지 파고드는 고통으로 얼룩져 있다. 그러나 현실을 회피하지 않는 것은 주어진 "외로움을 감당하는" 방식일 것이다. 전해수 평론가는 '슬픔'에 대해 "내 안에 간직하기엔 그 크기가 너무 커서 일순간 분노로 바뀌어 나를 둘러싼 세계를 향해 돌을 쥐게 하는 슬픔, 설혹 돌을 던져도 결코 내 안에서는 깨어지지 않는 절대적 슬픔, 혹은 돌을 던져 그 대상을 깨뜨리기에는 더욱이 어려운 바람 같은 슬픔, 그러다가 결국 후회로 남아 뒤돌아보는 처연한 슬픔"을 언급했다. 시인에게 뽕잎차를 만들어준 사돈처녀를 떠나보낸 '상실감'은 빈자리를 들여다보는 "처연한 슬픔"일 것이다.

청계산이 겨울잠 깰 무렵
진달래가 꽃눈을 뜬다
햇빛 먹고 서둘러 핀다

원터골 능선이 살분홍 이불 덮으면
아지랑이 속 내 마음도 따뜻해진다

아버지가 나뭇짐에 꽂아온 진달래 한아름
아이들은 달려와서 꽃잎을 따먹고
어머니는 병에 꽂아 내 책상에 놓으셨다

초가집 어두운 방 꽃등불 아래
나는 소월의 시를 읽었다

진달래꽃 피는 밤이면
나는 어머니꽃등불 켜고 시집을 읽는다
그때처럼

—「어머니꽃등불 켜고」 전문

시인은 "봄의 방향"을 바라보고 내면에 웅크린 어느 날의 기억 한 줌을 꺼내놓는다. 시인이 된 배경에는 아버지와 어머니가 있다. 아버지의 나뭇짐에 꽂혀 온 "진달래 한아름"과 병에 꽂을 꽂아 책상에 놓아주신 어머니가 있었다. 참꽃은 눈과 바람에 겨우내 언 발가락을 봄비가 차분차분 녹여 지은 꽃이다. 바위틈이나 벼랑

까지 봄이 닿을 때를 기다려 안간힘으로 피는 꽃이어서 더욱 눈부신 꽃이다. 산에 만개한 봄이 "병에 꽂히기까지" 아들에 대한 부모의 사랑이 얼마나 극진한지 알 수 있다. '김소월'의 감성적인 시를 읽었던 사소한 기억은 시인에게 특별한 행복으로 남아있다. 봄은, 아니 진달래는 그렇게 아름다운 기억으로 가슴에 피어있다. 오래전에 소멸한 것들은 우리의 필요 밖으로 멀어진 것들이고, 삶의 언저리로 밀려난 것들이지만 기억 속의 봄은 여전히 존재한다. 따뜻한 느낌도 오래 간직하면 이렇듯 꽃이 된다. 책상에 꽂힌 꽃은 어머니가 켜준 세상 하나밖에 없는 '꽃등불'이다. 시인이 되게 해준 어린 날의 '꽃 피는 고향'과 '어머니꽃등불'과 김소월의 '시집'은 교집합을 이루고 있다.

시인의 역할은 "물질세계에 존재하는 모든 사물의 상징을 찾아내어 정신세계의 본질에 다다를 수 있게 돕는 것"이라고 한다. 「어머니꽃등불 켜고」는 시가 지닌 또 하나의 '가치'로 우리의 "반성적 사유"를 자극하고 있다.

고교 동창회에 갔다
6·25 전쟁 때 한국을 도우러 온 에티오피아 이야기가 식탁에 올라왔다

전쟁 후 집으로 돌아간 그들이
정권이 바뀌어 재산을 다 빼앗기고 힘들게 살아가고 있다는
지금은 너무도 가난한 그들의 이야기가 접시에 수북이 담겼다

포크로 한 점 집어먹으니 입안이 썼고
우리는 전쟁 이야기로 배를 채워나갔다

에티오피아에서 파병된 6037명 전사들
20일 밤과 낮 배 안에서 부르던 노래
"걱정하지 마세요, 용감한 전사가 가고 있어요"

어떤 나라인지도 모르고 와서
처음 보는 높은 산 영하 30도에 쌓인 눈에도
253회 전투에서 253회 승리를 이루었다

"이길 때까지 싸워라"
"죽을 때까지 싸워라"

경제 강국이 된 우리는 에티오피아를 잊고 산 지 오래다
우리 이제 무엇을 해야 될까

각자의 결심을 종이에 적어서 식탁에 올려놓았다

—「6037명 전사들」 전문

역사학자 에드워드 핼릿 카(E.H. Carr)는 "역사란 과거와 현재의 끊임없는 소통"이라며 역사란 변하지 않는 사실이 아니라 언제나 재해석되는 것이라고 보았다. 각 사건이 발생한 시대적 배경이나 사회적 상황을 현재 우리가 어떻게 바라보고 이해하느냐에 따라

당시의 사건은 "승자의 역사"가 되기도 하고, "패자의 역사"가 되기도 한다는 것이다.

시인은 귀를 열고 집중할 수 있도록 일련의 상황을 배치하고, 소통의 장을 구성한다. 우리가 미처 몰랐던 역사적 진실을 풀어놓는 스토리텔링은 독자의 귀가 열리는 "발화의 방법"이다.

고교 동창회 모임, 6·25 전쟁 때 한국을 도우러 온 에티오피아 이야기가 식탁에 오른다. 역사적 사건은 과거와 현재를 넘나든다. 에티오피아에서 파병된 6037명 전사들이 20일 밤과 낮을 배 타고 오면서 부르던 노래는 "걱정하지 마세요, 용감한 전사가 가고 있어요." 먼 곳에서 건너온 6037명 전사들은 스스로 용감한 전사라고 외치고 있었다.

처음 보는 '높은 산'과 영하 30도의 추위에도 253회 전투에서 253회 승리를 이룬 전략은 무엇일까. 이길 때까지, 죽을 때까지, 맞선 용기였다. 죽음을 두려워하지 않는 비장한 각오를 그 누가 꺾을 것인가.

박인묵 시인은 변해버린 사회체제와 그 제도권에서 착취당하며 살아가는 이름 없는 전사들의 희생을 조명한다. 우리의 기억 속에서 잊힌 그들의 존재는 뒤늦게 모습을 드러낸다. 우리는 흘러간 역사를 통해 그들이 당면한 불행을 만난다. 한때 우리나라를 돕던 6037명 전사들의 "존재를 인식하게" 된 것이다. 전쟁 후 집으로 돌아간 그들이 바뀌어버린 정권 아래 힘들게 살고 있다니 경제 강국을 이루며 에티오피아를 잊고 산 지 오래인 우리는 이제 무엇을 해야 할까. 이젠 우리 차례라며 각자의 결심을 종이에 적어서 식탁에 올려놓는다. 올바른 삶의 자세가 무엇인지 보여주는 진정성을 획득한 수작(秀作)이다.

경복궁 서쪽에서 뻗어 나온 물길
종로 빌딩 숲 사이로 흐른다

일제강점기 수표교 판잣집에 득실득실했던 거지들
깡패들 패싸움에 개천은 핏물이 되었다가
홍수에는 똥물로 흘렀다

한때 차를 타고 씽씽 달렸던 삼일고가도로는
새와 나무와 사람을 위해 다시 살아나 청계천이 되고

수양버들 뿌리로 정화한 맑은 물에 잉어 붕어가 헤엄쳐 다닌다

은빛 백로 사뿐사뿐 거닐더니
물속에 눈을 꽂는 순간 피라미를 잡아 올리고

노랑부리청둥오리 둥실둥실 노닐다가
자맥질로 송사리를 낚아챈다

아이들 웃음소리 돌다리를 두드리면
청계천 여름은 시원한 물바람으로 도시의 열기를 식힌다

—「청계천의 여름」 전문

청계천 '수표교'는 세종 23년에 다리 옆에 개천의 수위를 측정하기 위해서 수표(水標)를 세운 이후부터 '수표교'라고 불리고 주변 마을은 '수표동(水標洞)'이 되었다고 한다. '수표교' 다리 개천은 건천(乾川)으로 평상시에는 물이 조금밖에 흐르지 않았으나 도성 안에서 흐르는 모든 물이 개천으로 몰려들어 비가 조금만 와도 물이 넘쳤다고 한다. 일제강점기 '수표교' 주변 판잣집에 득실득실했던 거지들과 깡패들 패싸움에 개천은 핏물이 되었다가 홍수에는 똥물로 변했다니 그 시대의 가난하고 비참한 생활상을 짐작할 수가 있다. 화장실도 변변치 않았던 그 시절, 아마 개천으로 오물이 유입되고 악취가 풍겼을 것이다. 비가 많이 와서 물이 넘치면 가옥이 침수되거나 다리가 유실되고 익사자가 발생하는 것은 흔한 일이었다고 한다.

사람들이 많은 도성 한가운데 위치한 청계천, 하수도 시설이 없었던 당시엔 온갖 쓰레기와 오물들이 흘러들 수밖에 없었지만, 조선왕조 500년 동안 도성에서 배출되는 많은 생활 쓰레기를 씻어내는 생활하수도 기능을 도맡아 도성 전체를 깨끗하게 유지할 수 있었다고 한다. 우여곡절이 많은 청계천, 그 주변의 상인들과 극한 마찰을 빚었지만, 한 지도자의 집념과 소신으로 청계천은 많은 사람들의 휴식처로 변했다. 수양버들 뿌리로 정화한 맑은 물에 잉어 붕어가 헤엄쳐 다닌다니 '기적'이 따로 없다. 역사는 나라를 지배하는 정권의 힘으로 진보할 수도, 혹은 퇴보할 수도 있음을 보여주고 있다. 「청계천의 여름」은 인간이 만들어낸 위대한 역사를 시인의 안목으로 기록한 작품이다.

해인사 일주문 양옆에 키 큰 소나무
천년의 문으로 들어간다

죄지은 사람은 건널 수 없다는
외나무다리 앞에 선다

통나무 하나
그 아래 개천이 흐르고
두 다리가 후들거리는

피할 수 없는 곳에서 떠오른 얼굴이 있다

10년 전
쉬는 날마다 창고에서 모노륨 100kg 수백 롤을 몰래 빼돌린 종업원

공포의 외나무다리에서 나는
벌벌 떨고 있는 그를 생각하며
법당에서 참회를 빈다

—「외나무다리」 전문

잠재된 기억을 현재의 시간 속으로 호출할 때 시인은 “어두운 기억”과 마주친다. 불편한 대면은 마치 어제 일처럼 생생하다. 균열이 가는 자극이 내부로 번지는 동안 오만가지 생각이 스친다.

꼴 보기 싫은 사람을 피할 수 없는 상황에서 맞닥뜨리게 되는 '악연'을 비유하는 의미로 원수는 '외나무다리'에서 만난다고 한다. '외나무다리'는 한 개의 통나무로 수심이 얕은 강이나 시냇물을 건널 수 있게 해놓은 가설물이다. 폭이 좁아서 대개는 사람 한 명만 지나갈 수 있는데 평소 감정이 좋지 않은 사람을 맞닥뜨리면 참으로 난처할 것이다.

시인은 죄지은 사람은 건널 수 없다는 '외나무다리' 앞에 선다. 다리가 후들거리는 '외나무다리'에서 문득, 한 사람을 떠올린다. 10년 전 지물포를 운영했던 시절, 쉬는 날마다 창고에서 모노륨 100kg 수백 롤을 몰래 빼돌린 종업원이다. 100kg 수백 롤을 값으로 환산하면 큰돈이다. "도둑질한 사람은 오그리고 자고 도둑맞은 사람은 펴고 잔다"라는 속담대로 공포의 '외나무다리'에서 벌벌 떨고 있는 종업원을 생각한다. 시인은 불완전한 기억에서 탈피할 수 있는 "개인의 심리"에 주목한다. 일상의 사소한 느낌도 개인의 "경험"으로 재구성될 때 "심리적 파장"을 일으킨다. 시인은 예측에서 벗어난 이미지로 자신만의 음각을 새긴다. 법당에서 그를 위해, 동시에 그동안 종업원을 원망했던 자신의 마음까지 참회를 빈다. 불자(佛者)의 선한 마음이다. 아래 예시한 작품 「작은골 옹달샘」도 이와 같은 맥락으로 읽을 수 있다.

> 앞산 꼬부랑길 언덕을 오르면
> 벼랑 아래 반가운 샘이 있다
>
> 장맛비로 계곡물이 넘쳐 엉망이 된 웅덩이

어머니가 적선하라고 하셨다

흙탕물 퍼내고 자갈을 깔고 조롱박을 띄워
막실재 오가는 길손들 맑은 물 마시고 쉬어갔다

물이 마르지 않는 샘

인적 드문 이른 아침에
참새 굴뚝새 산까치가 목욕하고 노래 한바탕 하고
해 질 무렵 산토끼 고라니 족제비 멧돼지 차례대로 물을 마신다

의령군 유곡면 신촌리 할미꽃 피는 줄멧등에서 내려다보면
우리 마을 뒷산은 용의 머리 배 꼬리로 누워있는

복이 꽉 찬 우리 동네 작은골옹달샘
지금도 그 자리에 있을까

—「작은골옹달샘」 전문

한 사람의 작은 배려가 사람과 동물에게까지 희망과 즐거움을 준다. 장맛비로 계곡물이 넘쳐 엉망이 된 '웅덩이'를 어머니가 적선하라고 하셨다. 어머니 역시 선한 마음을 행동으로 실천한다. 누가 알지 못한 선행이지만 "베푸는 자"는 "받는 자"보다 더 큰 기쁨이 있다. 이렇듯 "작은 힘"이 모여 따뜻한 세상을 만들어간다.

시인은 단절되고 사라진 것들을 "현재의 지점"과 접목해 일으

켜 세운다. 현장으로 나서는 변증법적인 작업은 시에 대한 "믿음과 확신"을 주고 있다. 느린 속도로 쌓아온 언어의 탑. 그 너머까지 대상을 바라보는 방식은 "약자의 소리"와 감지되지 않는 "미미한 신음"마저 찾아내어 기록하고 있다. 세상은 어지럽고 충동적이다. 생사를 가름하는 경계에 서서 체험한 통증을 "몸으로 지켜낸 개인의 서사"가 중심축이 되어 "삶의 의미와 생명의 가치"를 돌아보게 한다.

박인묵 시집_ 오후 3시에 읽는 시

초판 인쇄 | 2025년 6월 5일
초판 발행 | 2025년 6월 10일

지 은 이 | 박인묵
발 행 인 | 김호운
주　　간 | 김민정

펴낸곳 | 사단법인 한국문인협회 月刊文學 출판부
주소 | 서울시 양천구 목동서로 225 대한민국예술인센터 1017호
전화 | 02-744-8046~7
팩스 | 02-743-5174
이메일 | klwa95@hanmail.net
등록 | 2011년 3월 11일 제2011-000081호
ISBN 978-89-6138-554-1 03810

값 12,000원

저자와 협의해 인지를 생략합니다.
잘못 만들어진 책은 바꾸어 드립니다.